Inhalt

Familien begegnen uns in vielfältigen Formen. In diesem Heft und auf den Karten sind daher mit dem Begriff *Eltern* alle Menschen gemeint, die als Erziehungsberechtigte Verantwortung für ein Kind tragen. Bei personenbezogenen Hauptwörtern haben wir uns für die Verwendung der weiblichen Form entschieden. Der Verzicht auf eine genderneutrale Anpassung ist der besseren Lesbarkeit geschuldet, alle Geschlechter sind hier gleichermaßen angesprochen. Mit dem Begriff *Pädagogin* meinen wir alle Personen, die in der Kita im pädagogischen Kontext tätig sind, unabhängig von ihrer Ausbildung oder ihrer Berufsbezeichnung.

Vorwort: Zur Arbeit mit diesen Karten und dem Begleitheft

Du möchtest gemeinsam mit deinem Team am Thema Bildungs- und Erziehungspartnerschaft arbeiten? Das vorliegende Kartenset hilft dir, diesen Weg zu gestalten. Jede Karte stellt einen Kernaspekt des Themengebiets vor. Der Einstieg wird durch ein Praxisbeispiel dargestellt, das den Transfer in deinen Arbeitsalltag erleichtert und dir konkrete Ideen zur Umsetzung gibt. Auf den Rückseiten findest du Reflexionsfragen, die du individuell, aber auch gemeinsam mit deinem Team bearbeiten kannst.

Die Karten begleiten den Prozess

Die Karten sind so gestaltet, dass sie den Teamprozess begleiten, der in der Auseinandersetzung mit dem Thema entstehen wird. Sie zeigen, welche Teilaspekte innerhalb des Themengebiets wichtig sind und wie diese nacheinander erarbeitet werden können. Dabei geben die Karten Orientierung und strukturieren den Teamprozess durch ihre Reihenfolge.

Das Kartenset beginnt mit den elementaren Aspekten. So schafft die Auseinandersetzung mit den ersten Karten ein grundlegendes Verständnis für das Thema und unterstützt die Arbeit an der eigenen Haltung. Mit den Karten werden die Aspekte nach und nach konkreter und zeigen Umsetzungsmöglichkeiten für die Praxis auf. Insgesamt leiten dich die Karten also von der Haltung zur Handlung.

Weitere Vorschläge, wie du mit diesen Karten arbeiten kannst, findest du auf Karte 2 *Anleitung*.

Das Begleitheft

Dieses Begleitheft ergänzt die Karten um wesentliche Hintergrundinformationen. Im Kapitel »Fragen aus der Praxis« werden typische Herausforderungen der Bildungs- und Erziehungspartnerschaft dargestellt und du erhältst praktische Vorschläge für den Umgang damit. Im letzten Kapitel »Veränderungsprozesse im Team gestalten« geben wir dir Methoden und Hinweise zur Gestaltung des Teamprozesses an die Hand. Du erfährst, wie du alle Teammitglieder in den Prozess einbinden kannst, wie du dein Team zu Veränderungsprozessen motivierst und vieles mehr.

Impulse statt Rezepte

Erwarte von diesem Begleitheft und den zugehörigen Karten also zahlreiche Mutmacher, Praxisbeispiele und Methoden, um die Arbeit mit den Familien in deiner Einrichtung neu zu denken und zu gestalten. Patentrezepte und ausführliche Lehrbuchauszüge wirst du jedoch vergeblich suchen. Die Karten wollen zur Auseinandersetzung mit eigenen Haltungen, Überzeugungen und der Praxis anregen, um so Veränderungen anzustoßen. Und vielleicht motiviert dich die ein oder andere Karte auch zur tieferen Recherche über das Thema.

Wir wünschen dir und deinem Team einen spannenden Austausch, viele neue Erkenntnisse und eine Menge Spaß auf dem Weg hin zu einer gelebten Bildungs- und Erziehungspartnerschaft mit den Eltern.

Grundlagen

Das Ziel: Die optimale Gestaltung der frühkindlichen Bildung und Erziehung

Eltern sind Experten für die Belange ihrer Kinder. Was für ein Statement! Nicht mehr die ausgebildete Pädagogin soll die eine und wahre Instanz für alle Fragen zur Bildung und Erziehung in der Frühpädagogik sein? Studien zur Frühpädagogik belegen: Für die Entwicklung der Kinder ist es am günstigsten, wenn Eltern und Pädagoginnen an einem Strang ziehen, sich also partnerschaftlich um das Wohl des Kindes kümmern.

Nur im gemeinsamen Austausch kann ein umfassendes Bild vom Entwicklungsstand des Kindes, seiner Lebenswelt und seinem Verhalten in unterschiedlichen Situationen entstehen. Gegenseitiger Einblick und Perspektivwechsel sind entscheidende Faktoren für eine vertrauensvolle Zusammenarbeit und entlasten die Erwachsenen bei der Erfüllung ihres Bildungs- und Erziehungsauftrags.

Gesetz und Auftrag

Eltern sind verantwortlich für die Belange ihrer Kinder. Dies ist gesetzlich verankert: »Pflege und Erziehung des Kindes sind das natürliche Recht der Eltern und die zuvörderst ihnen obliegende Pflicht«, besagen Artikel 6 des Grundgesetzes und das Sozialgesetzbuch (§ 1 SGB VIII). Und selbstverständlich sind (und bleiben!) es stets die Eltern, die ihr Kind am besten kennen.

Es ist Aufgabe der Pädagoginnen, die Eltern in dieser Rolle anzuerkennen und in den Kontext der Kita einzubeziehen. § 22 SGB VIII erteilt hier einen direkten Auftrag an Kitas: »Tageseinrichtungen für Kinder und Kindertagespflege sollen […] die Erziehung und Bildung in der Familie unterstützen und ergänzen.« Auch aus den Gesetzen und Bildungsplänen der Bundesländer geht die Erwartung an Kitas hervor, mit den Eltern intensiv zu kooperieren.

Kommunikation ist der Schlüssel

Voraussetzung dafür ist ein enger Austausch mit den Eltern: Kommunikation ist der wesentliche Faktor gelingender Partnerschaft. Der Pädagogin kommt hierbei eine entscheidende Rolle zu: Sie gestaltet die Zusammenarbeit maßgeblich. Grundlage ist die offene, wertschätzende Haltung den Eltern gegenüber.

Vier Gründe für eine gelebte Bildungs- und Erziehungspartnerschaft in der Kita:

1. Zusammenarbeit ermöglicht den besten Bildungsweg für das Kind
2. Anforderung von außen: Es steht im Gesetz
3. Eltern sind zufriedener, wenn sie ernst genommen und einbezogen werden
4. Pädagoginnen profitieren von zufriedenen Eltern und dem Austausch mit ihnen

Die Rolle der Eltern

Lange Zeit wurden Eltern durch den vorherrschenden Begriff der *Elternarbeit* als zusätzliche Aufgabe und damit eher als Last betrachtet. Elternabende, Entwicklungsgespräche und Feste wurden darauf ausgelegt, den Eltern Wissen zu vermitteln und ihnen etwas zu bieten.

Ein Umdenken ist gefragt

Eine moderne pädagogische Haltung erfordert jedoch ein Neudenken in der Kommunikation und im Umgang mit Eltern. Wir begleiten Kinder auf Augenhöhe in ihren Entwicklungsprozessen und betrachten Bildung als ko-konstruktiven Prozess mit hoher Eigenbeteiligung der Kinder. Folgt man dieser Leitlinie, muss man auch die Eltern in vergleichbarer Art und Weise am Bildungsgeschehen teilhaben lassen. Beschreibungen wie *Zusammenarbeit mit den Eltern* oder *Bildungs- und Erziehungspartnerschaft* verdeutlichen dabei dieses neue Verständnis.

Kooperation zum Wohl des Kindes

Eine vertrauensvolle Zusammenarbeit mit den Eltern entlastet die Pädagoginnen: Sie sind nicht mehr permanent gefordert, als Allwissende ihre Kompetenz unter Beweis stellen zu müssen. Eine aufrichtige Bildungs- und Erziehungspartnerschaft nimmt die unterschiedlichen Stärken beider Bildungsorte wahr. So teilen sich die Beteiligten die Verantwortung für das Wohl und die Entwicklung des Kindes. Familie und Kita – beide Lern- und Erfahrungsräume sind für die Entwicklung des Kindes wichtig. Je besser diese beiden Welten zusammenwirken, desto mehr profitiert das Kind. Eine partnerschaftliche Zusammenarbeit mit Eltern führt so zu einer wechselseitigen Bereicherung und zu mehr Wertschätzung und Anerkennung.

Werden den Eltern vielfältige Möglichkeiten zur Teilhabe und Mitgestaltung in der Kita eröffnet, kann sich eine partnerschaftliche Bildungs- und Erziehungskultur entwickeln, in der sich alle mitverantwortlich fühlen für die Zufriedenheit und das Wohlbefinden aller in der Einrichtung.

Kommunikation als Grundlage jeder Kooperation

In einer gleichberechtigten Kooperation tauschen sich Eltern und Pädagoginnen im Interesse des Kindes aus, sie teilen einander ihre Beobachtungen, Sorgen und Wünsche mit. Der Einblick in die jeweils andere Lebenswelt schafft ein umfassendes Bild vom Kind. Jedes Team sollte auf individueller und gemeinschaftlicher Ebene regelmäßig Methoden der guten Gesprächsführung erlernen bzw. wiederholen und einüben. Wichtig: Die Gesprächs- und Feedback-Kultur im Team wirkt immer als Vorbild für die Kinder und auch ihre Familien. Und das gemeinsame Ziel, nämlich die beste Umgebung für jedes Kind zu schaffen, wird bei vielen Konflikten helfen.

Eine gute Kommunikationskultur aufbauen und pflegen

Um ein starkes Fundament für die Elternpartnerschaft zu entwickeln, ist das gesamte Team gefordert. Bewusst und fortlaufend sollten alle an einer guten Kultur des Dialogs und des Feedbacks mitwirken. Es lohnt sich gerade am Anfang, in die Beziehung zu einer neuen Familie viel Aufmerksamkeit zu investieren. Der erste Eindruck ist entscheidend für den Aufbau einer vertrauensvollen und tragfähigen Beziehung, die später auch manche Bodenwelle verkraftet. Prävention ist auch beim Thema Kommunikation und Beziehungsaufbau sehr viel günstiger, als später Problem für Problem beheben zu müssen.

Setting bewusst gestalten und einsetzen

Die meisten Alltagsinformationen lassen sich gut bei Tür- und Angelgesprächen austauschen. Tiefergehende Anlässe erfordern jedoch ein anderes Setting. Ein Thema, das wirklich nur die Pädagogin, das Kind und seine Familie angeht, muss bereits aus Datenschutzgründen, aber vor allem aus Respekt dem Kind und der Familie gegenüber einen geschützten Rahmen erhalten. Nutze den Rahmen, um Haltung und Emotionen transparent zu machen: Ist der Raum ruhig und aufgeräumt? Stehen Getränke bereit? Kannst du der Familie gegebenenfalls unterstützendes Material mitgeben wie Internet-Adressen, ein Buch zum Thema oder die Adresse einer Familienbildungsstätte?

Professionell kommunizieren

Du begegnest in der Kita sehr unterschiedlichen Familien. Manche Familien werden mitunter Bedenken und Ängste vor Gesprächen mit dir haben, weil sie sich beispielsweise wegen staatlicher Eingriffe Sorgen machen, die Sprache nicht sicher beherrschen oder eine Verurteilung ihres Erziehungsstils befürchten. Bei anderen Familien wirst vielleicht du diejenige sein, die ein Urteil oder aggressives Verhalten fürchtet oder du nimmst vielleicht eine Familie als sozial viel höhergestellt war und bist dadurch eingeschüchtert.

Die Kommunikation liegt in deiner Hand

Mache dir in jedem Fall klar: Du bist die pädagogische Expertin. Die gelingende Kommunikation liegt in erster Linie in deiner Verantwortung. Das erfordert zum einen Selbstbewusstsein bis hinein in die Körpersprache, zum anderen Empathie und den Wunsch, das Gegenüber verstehen zu wollen. Führe dir vor Augen, dass die Bildungs- und Erziehungsarbeit mit Kleinkindern dein ausgewiesenes Fachgebiet ist.

Kommunikation ist keine Einbahnstraße

Aber ohne grundlegende Bereitschaft seitens der Eltern geht es natürlich nicht. Gleichberechtigte Partnerschaft bedeutet bei aller Kooperationsbereitschaft auch, sich selbst nicht zu vergessen. Du bist keine Dienstbotin, unabhängig vom Auftreten oder gesellschaftlichem Status der Eltern. Wenn Eltern aggressiv, sehr fordernd oder emotional übergriffig sind, ziehe klare Grenzen.

Aktiv zuhören

Wertschätzung wird konkret, wenn wir uns aufrichtig für den anderen interessieren. Nicht immer müssen wir zum selben Ergebnis kommen. Aber wir sollten uns ein echtes Bild von den Ansichten unseres Gegenübers machen. Dazu hören wir aktiv zu: Stelle möglichst offene Fragen, sodass die Eltern ins Erzählen kommen.

Gib das Gesagte in deinen eigenen Worten wieder, um Missverständnisse zu vermeiden. Frag nach, wenn dir etwas nicht klar geworden ist. Nutze Hilfsmittel wie Bildkarten, um Sprachhemmnisse zu verringern. Wenn du das Gefühl hast, dass ihr am eigentlichen Thema vorbeiredet, dann sprich das offen an.

Botschaften entschlüsseln: vier Münder, vier Ohren

Manchmal wird der Dialog emotionaler, ohne dass man sofort den Grund dafür erkennt. Oder du hast das Gefühl, dass man irgendwie aneinander vorbeiläuft. Dann lohnt sich ein Blick auf das Kommunikationsmodell von Friedemann Schulz von Thun: Jede Botschaft enthält demnach regelmäßig vier Seiten (Kommunikationsebenen).
Wer eine Botschaft sendet, spricht also mit vier Mündern gleichzeitig zu dir. Und als Empfängerin hörst du die Botschaft auch mit vier Ohren. Mit diesem Modell steht dir ein effektives Analyse-Werkzeug zur Verfügung, um Missverständnissen auf die Spur zu kommen.

Sachebene: Über welches Thema sprechen wir gerade?

Beziehungsebene: Wie sehe ich unser Verhältnis zueinander?

Selbstoffenbarungsebene: Was gebe ich von mir selbst preis?

Appellebene: Ich fordere dich dazu auf, zu …

Entwicklungsgespräche

Für Entwicklungsgespräche gelten die oben genannten Grundsätze in verschärftem Maß. Eltern nehmen zu Recht in der Regel an, dass diese Gespräche von besonderer Bedeutung sind. Wenn es Probleme irgendeiner Art mit dem Kind gibt, verhalten sich natürlich auch Eltern oft nach typischen, defensiven Mustern. Hier ist es deine Aufgabe, das Gespräch zu deeskalieren.

Prävention statt Eskalation

Besonders wichtig ist gerade hier die präventive Arbeit: Das Team kann etwa einen gemeinsamen Leitfaden und Informationsmaterial für Entwicklungsgespräche erstellen. Hast du den Termin frühzeitig abgesprochen? Hast du den Eltern einen Beobachtungsbogen für zu Hause mitgegeben? Das Gespräch erfordert ein ruhiges, angenehmes Setting mit ausreichend Zeit. Konzentriere dich im Gespräch auf die Stärken und Interessen des Kindes. Defizite sollten nur dann besprochen werden, wenn sie wirklich bedeutsam sind und besonderer Aufmerksamkeit bedürfen (z. B. deutliche Entwicklungsverzögerungen oder anhaltend aggressives Verhalten).

Die meisten Eltern erinnern sich selbst in Bildungsfragen vor allem an die Schulzeit, die von Beurteilung und keineswegs individuellen Lernwegen geprägt war. Führe den Eltern vor Augen, wie vorbildlich Bildung in der Kita geschieht: sozial, interessengeleitet und stets ausgehend von dem Kind und seinen jeweiligen Zonen der nächsten Entwicklung.

Methoden

Neben Techniken zur Gesprächsführung benötigen Pädagoginnen Handwerkszeug, das sie anwenden können, um die Bildungs- und Erziehungspartnerschaft zu gestalten. Im Folgenden stellen wir einige Methoden vor, um die bisherige Zusammenarbeit mit Eltern zu reflektieren, eine eigene Haltung zu finden und neue Wege einschlagen zu können.

Beziehung sichtbar machen: Das Beziehungsdreieck

Kommt das Kind neu in die Einrichtung, erhält es zahlreiche neue Eindrücke, andere Kinder werden wichtig und die Pädagoginnen zu vertrauten Bezugspersonen. Fortan bewegen sich alle drei Parteien im Spannungsfeld einer Dreiecksbeziehung. Diese kann von Familie zu Familie und von Situation zu Situation ganz unterschiedlich aussehen. Und je nachdem, wie sich diese Dreiecksbeziehung darstellt, sind unterschiedliche Handlungen gefragt.

Beziehungen im Dreieck darstellen

Das Beziehungsdreieck beschreibt eine aktive Form der Partnerschaft. Im perfekten Dreieck Elternteil – Kind – Pädagogin tragen alle Parteien eine gleichberechtigte Rolle, die Näheverhältnisse sind vergleichbar. In der Realität führen oftmals unterschiedliche Nähe- und Distanzbedürfnisse, Projektionen und Befürchtungen zu »Verzerrungen« des Norm-Dreiecks.

Probiere es aus: Die Übung funktioniert am besten mit einem zusammengeknoteten Seil, mithilfe dessen das Modell des Beziehungsdreiecks nachgestellt wird. Teile dein Team dazu in Dreier-Gruppen auf. Jede erhält eine Rolle: Kind, Pädagogin oder Elternteil. Alle stellen sich nun im gleichen Abstand zueinander auf, sodass ein gleichseitiges Dreieck entsteht. Anschließend darf experimentiert werden. Jede Position beginnt, sich langsam zu bewegen. Dadurch ergeben sich Verzerrungen im Beziehungsdreieck. Standen in der Ausgangsposition noch alle im gleichen Abstand zueinander, rücken jetzt einzelne Parteien näher zueinander, die dritte Position entfernt sich zwangsläufig.

Professionelles Handeln behält alle Bedürfnisse im Blick

In der Realität finden wir vielfältige Entsprechungen für die unterschiedlichen Aufstellungen. Was passiert, wenn das Kind der Mutter besonders nahesteht und die Pädagogin bildlich (noch) keinen Auftrag hat? Eine entsprechende Situation könnte in der Eingewöhnungsphase auftreten. Fühlt sich das Kind in der Einrichtung wohl und entwickelt eine innige Beziehung zu seiner Bezugserzieherin, dann entfernt sich automatisch das Elternteil. Eifersucht und Ängste auf Seite der Eltern könnten die Folge sein.

Gemeinsame Reflexion

Wie fühlen sich die unterschiedlichen Formen und Konstellationen an? Was macht ein weiterer Abstand zwischen Kind und Eltern mit mir? Wie fühlt es sich an, wenn ich als Pädagogin mehr Distanz zu Eltern und Kind habe? Welche Situationen fallen mir ein, in denen sich Distanz gut anfühlt und notwendig ist? Welche Konstellation birgt welche Konflikte? Was macht die Nähe zum Kind mit den jeweiligen Rollen? Wie kann ein Beziehungsdreieck mit ähnlichen Distanzen (wieder)hergestellt werden?
Die gleiche Übung eignet sich auch gut für einen Elternabend zum Thema Bildungs- und Erziehungspartnerschaft. Dabei dürfen die Eltern ausprobieren, in welcher Konstellation sie sich am wohlsten fühlen. Sie überlegen gemeinsam, wie dieser Zustand gut erreicht werden kann.

Sich willkommen fühlen: Ein Rundgang durch die Einrichtung

Wenn wir in ein neues Umfeld kommen, spüren wir sofort, ob wir dort willkommen sind. Ein freundliches Gesicht, eine aufmerksame Begrüßung und ein wertschätzender Umgangston rufen eine angenehme Atmosphäre hervor. Die Summe an vermeintlichen Kleinigkeiten malt ein Gesamtbild und sorgt dafür, dass wir uns wohl und angenommen fühlen. Es ist die Aufgabe der Pädagoginnen, eine solch einladende Atmosphäre für Kinder und Familien in der Kita zu schaffen. Das Wohlfühlen ist die Voraussetzung, um gut anzukommen und Vertrauen zu schöpfen. Es ist damit die Basis für eine vertrauensvolle Bildungs- und Erziehungspartnerschaft. Habt ihr das im Team schon ausprobiert?

Stellt euch vor, ein (neues) Elternteil in der Kita zu sein. Macht gemeinsam einen Hausrundgang und fragt euch: Wo fühle ich mich hier willkommen? Welche Bereiche stehen mir offen? Wie lange darf ich bleiben? Gibt es einen Ort, an dem ich in Ruhe meine Anliegen ansprechen kann? Wie erfahre ich, was mein Kind in der Einrichtung erlebt? Begegnen mir andere Eltern?

Berücksichtigt dabei auch, dass eure Eltern über unterschiedliche kulturelle und sozioökonomische Hintergründe verfügen. Teilt eure unterschiedlichen Erfahrungen miteinander. Daraus können Veränderungsbedarfe, Vorsätze und Entscheidungen abgeleitet werden.

Elternabend: Wir träumen uns eine Kita

Was wünschen sich die Eltern für ihre und von ihrer Kita? Gerade wenn es um die Bildungs- und Erziehungspartnerschaft geht, ist es wichtig, die Eltern in Veränderungsprozesse einzubeziehen. Organisiere zu Beginn des Prozesses einen Elternabend und stelle die Zauberfrage: »Wenn ich zaubern könnte: Wie sähe meine Traum-Kita aus? Was würde ich in unserer Kita verändern?« Eröffne dabei kreative Räume. Vielleicht gestalten die Eltern gemeinsam Poster oder sogar Theaterstücke, um ihre Traum-Kita darzustellen.

Anschließend können die Wünsche der Eltern mit den Vorstellungen des Teams und gegebenenfalls mit den Ideen der Kinder verglichen werden.
Was deckt sich, welche Unterschiede bestehen? Was überrascht dich und dein Team? Kommt in einen Austausch miteinander.
Im nächsten Schritt könnt ihr gemeinsam mit den Eltern überlegen, wie welche Ideen umgesetzt werden sollen. Auch hier können die Eltern tatkräftig mitwirken.

Sicherlich kommen bei diesem Experiment ein paar utopische Gedanken oder unrealistische Wünsche auf das Tablett – habt davor keine Angst und versteht die Wünsche der Eltern nicht als persönliche Kritik. Greift die Inspirationen auf, die sich (mit Anpassungen) in die Realität umsetzen lassen.
Die Übung wirkt auf zwei Ebenen. Es geht nicht nur darum, die Wünsche der Eltern zu kennen und von ihrer Kreativität zu profitieren. Genauso wichtig ist es, den Eltern zu zeigen, dass ihre Wünsche und Ansichten gehört und ernst genommen werden.

Fragen aus der Praxis

In der Arbeit an einer vertrauensvollen und starken Bildungs- und Erziehungspartnerschaft stoßen viele Kita-Teams auf ähnliche Herausforderungen. Im Folgenden findest du für typische Situationen konkrete Handlungs- und Lösungsideen.

Einige Eltern interessieren sich einfach nicht

»Wir geben uns große Mühe, unsere Eltern in den Alltag der Kita einzubeziehen und sie transparent und proaktiv über alles Wichtige, vor allem auch über die Bildungsprozesse ihrer Kinder, zu informieren. Wir nehmen uns Zeit für das Tür- und Angelgespräch, gestalten Aushänge über die Aktivitäten in der Kita und laden regelmäßig zu Elternabenden und Elterngesprächen ein. Leider nehmen einige Eltern diese Angebote nicht wahr. Sie haben keine Zeit für das Tür- und Angelgespräch, erscheinen nicht zum Elternabend und der Aushang wird nicht beachtet. Uns Pädagoginnen macht das ratlos und auch etwas verärgert, schließlich geben wir uns viel Mühe. Denn eine Partnerschaft erfordert zwei aktive Partner. Was können wir tun?«

Nimm das Desinteresse der Eltern nicht persönlich. Denn wenn du dich persönlich angegriffen fühlst, reagierst du eher mit Rückzug. Typische Ursachen für Desinteresse von Seiten der Eltern sind unattraktive Kommunikationskanäle, Unkenntnis, Erschöpfung durch den Alltag und zu hohe (inhaltliche oder sprachliche) Hürden.

Hinter Desinteresse steckt oft Unwissenheit. Die Idee der Kita als Bildungseinrichtung ist für viele Eltern noch neu. Sie wissen nicht, dass es mehr zu besprechen gibt als wie viel ihr Kind gegessen und geschlafen hat. Deshalb ist es wichtig, mit den Eltern schon beim Aufnahmegespräch über ihre Rolle zu sprechen und diese auch immer wieder zu thematisieren. Die Eltern müssen verstehen, dass der Austausch mit der Kita für den Bildungsprozess des Kindes essenziell ist.

Möglicherweise passen auch die Themen und Wege der Kommunikation nicht zum Bedarf der Eltern. Mal ehrlich: Elternabende sind oft eher langatmig. Überprüft deshalb gemeinsam die Art und Weise, wie ihr Elternabende gestaltet. Fragt vorab Themenwünsche der Eltern ab, überlegt euch eine kreative, aktivierende und unterhaltsame Umsetzung. Wenn die Kinder in die Gestaltung des Abends einbezogen werden, indem sie zum Beispiel für die Eltern etwas zu essen vorbereiten oder aktuelle Projekte vorgestellt werden, bietet das einen Anreiz für die Eltern. Seid kreativ, lasst euch nicht entmutigen und probiert immer wieder neue Wege aus. Es ist die Aufgabe der Pädagoginnen, die Kommunikation mit den Eltern zu suchen.

Und wenn sich das Interesse der Eltern trotzdem nicht verändert – akzeptiere das. Schließlich wollen wir die Eltern so annehmen, wie sie sind.

Was tun, wenn Eltern über jede Kleinigkeit informiert sein wollen?

In unserer Kita gibt es einige Eltern, die für unser Gefühl etwas zu viel Information und Mitsprache fordern. Sie wollen über jedes Detail des Alltags informiert werden, auch wenn das aus unserer Sicht unerheblich ist oder andere Kinder betrifft. Diese Eltern mischen sich auch in Dinge ein, welche die Kinder entschieden haben, beispielsweise den Essensplan oder Ausflugsziele. Als Team geht uns dieses Engagement der Eltern zu weit. Wir fühlen uns in unserer Arbeit nicht ernst genommen und kontrolliert. Wie können wir mit diesen Eltern umgehen?

Für viele Eltern ist der Übergang von der Familie in die Kita nicht leicht. Es fällt ihnen schwer, loszulassen und die Verantwortung abzugeben. Bisher konnten die Eltern die Erziehung allein gestalten. Aus dieser Perspektive ist es nachvollziehbar, dass manche Eltern auch in der Kita auf ihren Einfluss nicht verzichten möchten. Auch ist es nicht leicht zu akzeptieren, dass in der Kita manche Dinge anders laufen als zu Hause. Verstärkt wird dies, wenn das Vertrauen zwischen Pädagoginnen und Eltern noch gering ist. Wenn sich die Eltern nicht sicher sind, dass es ihrem Kind in der Kita gut geht und dass seine Bedürfnisse erfüllt werden, reagieren sie mit einem überbordenden Wunsch nach Kontrolle.

Hier ist es wichtig, gezielt Vertrauen aufzubauen. Eltern, die Vertrauen in Kita und Pädagoginnen haben, können leichter loslassen. Nimm dir also besonders viel Zeit für die Bedürfnisse dieser Eltern, auch wenn es anstrengend ist. Beantworte Fragen geduldig, biete die Möglichkeit zur Hospitation an und zeige den Eltern Beteiligungsmöglichkeiten auf. Es gilt, so transparent zu kommunizieren wie möglich. Denn Eltern, die das Gefühl haben, dass Dinge vor ihnen versteckt werden, werden misstrauisch. Wenn es nötig ist, Grenzen aufzuzeigen, begründe diese für die Eltern nachvollziehbar.

Wie umgehen mit Elternbeschwerden?

Leider kommt es in unserer Kita immer wieder zu Beschwerden von Eltern. Das ist dann für alle Beteiligten unangenehm und lästig. Wie können wir Elternbeschwerden vorbeugen und sie möglichst verhindern?

Auch wenn Elternbeschwerden unangenehm sind, für die Kita sind sie eine Bereicherung, denn sie ermöglichen Verbesserung und Weiterentwicklung. Beschwerden sollten also nicht verhindert, sondern vielmehr aktiv eingeholt werden. Das kann im persönlichen Gespräch, bei Elternabenden oder per Elternbefragung stattfinden. Die Eltern sollten wissen, an wen sie sich mit ihren Anliegen wenden können.

Beschwerden entstehen oft, wenn Eltern vor vollendete Tatsachen gestellt werden. Wer in Prozesse einbezogen wird, fühlt sich mitverantwortlich. Beziehe die Eltern deshalb frühzeitig in Veränderungsprozesse ein, informiere sie transparent und nimm dir Zeit, ihre Wünsche und Bedürfnisse anzuhören.

Geh mit deinem Team auf Ursachenforschung. Was wird konkret kritisiert? Häufen sich Beschwerden zu einem Thema? Seid ihr euch im Team zu diesem Thema einig? Gebt ihr die gleichen Auskünfte? Sind die Eltern ausreichend informiert?

Unsere pädagogischen Vorstellungen passen nicht zu denen der Eltern

In unserer Kita gibt es immer wieder Eltern, die ganz andere pädagogische Vorstellungen und Erwartungen haben als wir. Einige wünschen sich bereits in der Kita schulähnliche Bildungsangebote. Die Kinder sollten am besten schon schreiben, rechnen und Englisch lernen. Dann gibt es Eltern, die deutlich mehr Disziplin und Gehorsam verlangen. Unseren pädagogischen Ansätzen stehen sie skeptisch gegenüber. Ein Vater hat sich sehr negativ über den Ansatz der Partizipation geäußert; die Kinder seien einfach zu jung, um bestimmte Dinge zu entscheiden, zudem würden sie dadurch auch zu Hause aufmüpfig. Auch die kulturell unterschiedlichen Vorstellungen von Erziehung fordern uns heraus. Wie gehen wir damit am besten um?

Frühpädagogische Methoden und Standards unterliegen einem starken Wandel. Der Fokus der Pädagoginnen liegt heute darauf, jedes Kind bei seinen Lernprozessen auf Augenhöhe zu begleiten. Kinder sind aufgefordert, ihre Meinung zu sagen, Wünsche zu formulieren und sich aktiv zu beteiligen. Die Kindheitserfahrungen der Eltern weichen davon oft stark ab. Und die eigene Biografie beeinflusst den Erziehungsstil der Eltern und ihre Erwartungen an Bildungseinrichtungen. Zudem führen auch kulturelle Unterschiede zu sehr unterschiedlichen Ansichten über Erziehung und Bildung.

In der Regel gilt: Eltern und Pädagogin wollen das Beste für das Kind. Streitig ist meist »nur« der Weg. Versuche bei Differenzen zu verstehen, was hinter der Erwartung des Elternteils steht. Oft verbergen sich hier Ängste. Frage einfühlsam, aber gezielt nach. Ein Vater, der strikt ablehnt, dass sein Sohn beim Rollenspiel Mädchenkleider trägt, sorgt sich vermutlich um die langfristige Entwicklung seines Sohnes. Diese Sorge muss ernst genommen werden, auch wenn du die Situation grundsätzlich anders einschätzt. Nimm dir deshalb Zeit, sprich Ängste offen an und erkläre deinen pädagogischen Standpunkt ausführlich. Gleichzeitig darfst und musst du in Bezug auf die pädagogische Haltung der Kita aber klar Stellung beziehen, denn diese ist ab einem gewissen Punkt nicht verhandelbar. Dabei kannst du dich auf die Konzeption berufen. Je mehr Einblicke Eltern in die pädagogische Arbeit der Einrichtung erhalten, desto mehr können sie Vertrauen fassen und zu eigener Sicherheit in ihrer Erziehungskompetenz gelangen.

Was tun, wenn mir die Nähe zu den Eltern zu viel wird?

Immer wieder duzen uns Eltern ungefragt. Heute erst kam Frau Semmler in den Gruppenraum und klagte mir ihr Leid mit ihrer Schwiegermutter. Angeblich mische die sich ständig in ihre Familienangelegenheiten ein, betrete ungefragt die Wohnung und bezeichne sie sogar als schlechte Mutter, weil ihre Tochter immer noch nicht trocken sei. Solches oder ähnliches Verhalten von Eltern ist uns unangenehm, wir fühlen uns in private Dinge involviert, mit denen wir eigentlich nichts zu tun haben wollen. Auf der anderen Seite gibt es auch Beziehungen zu Eltern, die sehr freundschaftlich und nah sind. Hier haben wir Sorge, dass es uns dadurch schwerer fällt, alle Eltern gerecht zu behandeln, auch die, zu denen die Beziehung nicht so eng ist. Wie können wir ein gutes Gleichgewicht zwischen persönlicher Nähe und professioneller Distanz finden?

Das Thema Nähe und Distanz erfordert viel Auseinandersetzung, sowohl gemeinsam als Team, aber auch individuell. Denn jede Person hat andere Grenzen. Als Team ist es wichtig, Klarheit über die gemeinsamen, verbindlichen Grenzen in der Kita zu schaffen. Wollen wir geduzt oder gesiezt werden? Ist privates Babysitten in Ordnung oder ist es ein No-Go? Womit fühlen wir uns wohl, welches Verhalten geht für uns zu weit? Stellt gemeinsam Spielregeln auf, die für eure Kita gelten.

Kommuniziert diese Spielregeln von Beginn an offen an die Eltern. Sollte es dann doch einmal zu einer unangenehmen Situation kommen, kannst du dich auf diese Spielregeln berufen.
Darüber hinaus sollten sich alle Teammitglieder mit ihren eigenen Grenzen auseinandersetzen, denn diese können individuell unterschiedlich sein. Für den einen mag eine Umarmung passend sein, für die andere ist das eine klare Grenzüberschreitung.

Hast du in einer Situation das Gefühl, dass es dir zu persönlich und nah wird, darfst du selbstverständlich für deine Grenzen eintreten. Fasse den Mut und sprich offen an, dass du dich unwohl fühlst. Dabei kannst du dir auch Hilfe von Kolleginnen holen. Hilfreich ist es, sich Bedenkzeit zu erbeten. Wenn du unsicher bist, wie du in einer Situation reagieren sollst, dann helfen die Worte »Darüber möchte ich nachdenken, ich gebe Ihnen morgen Rückmeldung«. So kannst du in Ruhe eine passende Reaktion entwickeln.

Veränderungsprozesse im Team gestalten

»Nichts ist so beständig wie der Wandel.« Heraklit von Ephesos hatte wohl noch nicht die Welt der Kindertagesbetreuung vor Augen, als er sein berühmtes Motto formulierte. Aber auch für die Kita als Bildungs- und Lebensort gilt, dass Organisation und Arbeitsweise fortlaufend an die sich ändernde Umwelt angepasst werden müssen. Wie gelingt dies am besten, gerade in Zeiten des Personalmangels und steigender Ansprüche von Politik und Eltern? Als Kita-Leitung ist man zunächst gut beraten, fortlaufend den Boden für Veränderungen im Team zu bereiten. Dem gesamten Team sollte klar sein, dass auch die Arbeitswelt der Kita agil geworden ist. Konzepte gelten nicht mehr für Jahrzehnte, sondern befinden sich ständig in einem evolutionären Prozess. Strukturen werden in interdisziplinären Teams angepasst und sofort in der Praxis erprobt, um dann erneut verbessert zu werden. Aufgabe der Führungskräfte ist es daher zunächst, Ängste und »Wachstumsschmerzen« zu erkennen und aufzugreifen. Dies gelingt am besten, wenn man selbst von der Notwendigkeit der Veränderung überzeugt ist. Und: Veränderungsprozesse brauchen ausreichend Zeit und Geduld.
Im Folgenden stellen wir dir einige Aspekte, Ansätze und Methoden des agilen Projektmanagements vor, die dich bei der Gestaltung des Teamprozesses unterstützen können.

Zukunftswerkstatt und Ist-Analyse

In einer Zukunftswerkstatt kannst du mit dem Team zu Beginn des Prozesses eine Wunschvorstellung erträumen, aus der anschließend konkrete Ziele abgeleitet werden können. Hilfreich ist es, auch eine Analyse der Ist-Situation durchzuführen. Dabei helfen folgende Fragen:

- Was würden Eltern als unsere Stärke im Team bezeichnen?
- Wer aus dem Team würde sich wohl als die »Elternspezialistin« verstehen?
- Welche Stolpersteine erkenne ich im Umgang mit den Eltern?
- Wie lernfreudig ist unser Team? Haben alle ausreichend Fachwissen und Methodenkenntnisse zum Thema? Wie können unerfahrenere Teamkollegen von den »alten Hasen« profitieren und umgekehrt?
- Woran würden die Kinder merken, dass sich die Elternarbeit in eine Erziehungspartnerschaft bei uns verwandelt? Und woran merken wir es?

Ängste und Sorgen thematisieren

Veränderungen bringen Unsicherheit und damit Ängste mit sich. Denn wer kann schon vorhersagen, ob das, worauf man sich da einlässt, tatsächlich besser sein wird als die aktuelle Variante? Um Akzeptanz für Veränderung zu schaffen, müssen deshalb vor Beginn des Prozesses alle Bedenken, Ängste und Sorgen auf den Tisch. Dabei geht es nicht darum, diese zu entkräften, sondern darum, ihnen Raum zu geben, sie zu hören und zu beachten. Gemeinsam kann man dann überlegen, was jede Person braucht, um sich auf den Prozess einlassen zu können. Dies könnte beispielsweise das Vereinbaren einer Testphase oder die Unterstützung der Kolleginnen sein.

Wie umgehen mit Widerständen im Team?

Veränderungsprozesse lösen bei allen Teammitgliedern unterschiedliche Gefühle aus. Je stärker der Druck von oben kommt und je weniger die einzelnen Teammitglieder an der gewünschten Veränderung beteiligt sind und mitgestalten können, desto mehr Widerstand entwickelt sich. Innerhalb deines Teams wird es entscheidungsfreudige, mutige Kolleginnen geben, die gerne Neues ausprobieren und wenig Angst vor Fehlern haben. Daneben gib es Skeptikerinnen und die zögerlichen Bewahrerinnen und Bedenkenträgerinnen. Die Vielfalt im Team ist wichtig, um Veränderungsprozesse anzustoßen, diese aber auch zielgerichtet und überlegt umzusetzen. Findet heraus, wer sich im Team tendenziell mit welcher Rolle identifiziert und wie ihr sie gemeinsam nutzen könnt. Analysiert gemeinsam: Welche Bedenken bestehen? Welche individuellen Lösungen gibt es dafür? Geht es wirklich um die Sache oder geht es in Wahrheit um ein ganz anderes Thema? Welche Stimme in mir, welche Rolle im Team spricht? Stellt ein Innovationsteam zusammen, das sich traut anzufangen. Erste kleine Schritte helfen, Barrieren abzubauen. Richtet den Blick dabei auf die Erfolge und stellt sie transparent für alle dar. Taten überzeugen oft mehr als Worte.

Wie kommen wir im Team zu Entscheidungen?

Veränderungen werden nachhaltig erfolgreich, wenn möglichst das gesamte Team an Bord ist. Wer seine Ideen und Meinungen einbringen konnte, ist später motiviert bei der Sache. Gemeinsam Entscheidungen zu treffen, die von allen mitgetragen werden, ist nicht einfach. Hier findest du einige Tipps, wie ihr im Team zu guten Entscheidungen kommt.

- Vereinbart Testphasen für neue Methoden. Es ist leichter, sich auf etwas Neues einzulassen, wenn die Entscheidung umkehrbar bleibt.
- Es muss nicht immer eine einheitliche Lösung geben. Wenn es gute Gründe gibt, warum in Gruppe A etwas anders gemacht wird als in Gruppe B, warum nicht?
- Um Entscheidungen zu treffen, könnt ihr andere Wege gehen als eine klassische einfache Mehrheit herbeizuführen. Je nach Art der Fragestellung kann man andere Verfahren wählen: qualifizierte Mehrheiten und Veto-Rechte, anonyme Abstimmungen, mehr als eine Stimme, Abstimmung über Alternativen, vorläufige Abstimmungen (Etappenziele) oder auch den Konsens. Die Auswahl der Methode hängt davon ab, welcher Faktor wichtiger ist: Liegt mir vor allem am Herzen, dass das Team gemeinsam eine (Richtungs-) Entscheidung mitträgt, dann sollte ich mit viel Zeit und Geduld an einem Konsens arbeiten. Weniger wichtige Angelegenheiten, die schnell vorankommen sollen, vertragen kurze Diskussionen und einfache Mehrheiten.
- Sei realistisch – es ist selten und in der Regel nicht notwendig, dass alle im Team zu einhundert Prozent glücklich sind mit dem Ergebnis. So mancher lässt sich überzeugen, wenn es bei den Kolleginnen gut läuft. Oder die Skeptikerin übernimmt zunächst die Beobachterrolle.
- Habt ihr eine Entscheidung getroffen, sollte sie verbindlich sein und transparent festgehalten werden. Visualisiere wichtige Entscheidungen z. B. auf einem Plakat und halte sie in Team-Protokoll oder Kita-Logbuch fest.

Jetzt geht's los

Die gute Partnerschaft mit den Eltern ist die Voraussetzung für ein hervorragendes Bildungsangebot für das Kind. Auch die Atmosphäre in der Kita gewinnt enorm durch informierte, engagierte Eltern. Zu Beginn kostet der (Neu-)Aufbau der Partnerschaft viel Zeit und Aufmerksamkeit. Doch diese Investitionen werden sich vielfach bezahlt machen. Mit einer offenen, zugewandten Haltung wird es mithilfe dieses Kartensets für dich und dein Team ein Leichtes sein, die Zusammenarbeit mit den Familien noch weiter zu vertiefen. Viel Freude auf diesem Weg!

Über die Autorinnen

KiKu Akademie
Die KiKu Akademie ist die Fortbildungsorganisation der Kinderzentren Kunterbunt Gruppe (KiKu). KiKu betreibt deutschlandweit rund 100 Kindertageseinrichtungen in acht Bundesländern, in denen fast 6.000 Kinder eine erste Bildungsstätte außerhalb der Familie erleben.
Die KiKu Akademie gewährleistet die pädagogische Qualität unserer Einrichtungen durch fachliche Beratung, Fortbildungen sowie ein umfassendes Qualitätsmanagement. Weitere Aufgabe der KiKu Akademie ist die konzeptionelle Arbeit in Form von partizipativen Projekten.
Unser multiprofessionelles Team erarbeitet neben Präsenz-Fortbildungen seit längerem digitale und hybride Angebote (z. B. E-Learnings, Trainings per Video-Konferenz und Lern-Nuggets als Video). Wir richten uns sowohl an die über 1.500 eigenen pädagogischen Mitarbeiterinnen als auch an Fach- und Führungskräfte anderer Träger.

Katharina Blum, Bildungskoordinatorin KiKu Akademie, Erziehungswissenschaft M. A., Fortbildnerin im Elementarbereich.
Bereits während ihres Studiums der Erziehungswissenschaft sammelte Katharina Blum vielfältige Erfahrungen in der Fort- und Weiterbildung für Elementarpädagoginnen. Nach eineinhalb Jahren Kita-Praxis verantwortet sie jetzt die Bereiche Fortbildung und Konzeptionsentwicklung bei KiKu und begleitet Kita-Teams als Trainerin in ihren individuellen Entwicklungsprozessen.

Kaarina Meyn, Juristin, Projektmanagerin KiKu Akademie, Multiplikatorin für Partizipation im Elementarbereich (Institut für Partizipation und Bildung), Fortbildnerin im Elementarbereich und in der überparteilichen politischen Bildung junger Menschen.
Nach einigen Jahren als Koordinatorin für Aus-, Fort- und Weiterbildung sowie Qualitätsmanagement im Bereich Kindertagesstätten bei der Diakonie Rheinland-Westfalen-Lippe ist Kaarina Meyn jetzt im Bereich Qualitätsmanagement von KiKu tätig. Sie konzipiert und begleitet Fortbildungen und entwickelt Konzepte (zuletzt Kinderschutz), natürlich immer höchst partizipativ!

Anke Wolfram, Beratung, Fortbildung und Prozessbegleitung bei der KiKu Akademie.
Anke Wolfram ist Erzieherin, Waldpädagogin und Psychomotorikerin. Im Modellversuch PQB (Pädagogische Qualitätsbegleitung) coachte sie Einrichtungsteams in ihrer Interaktionsqualität. Sie ist Mitglied im Praxisbeirat am Staatsinstitut für Frühpädagogik in München und Autorin des Buches »Naturraumpädagogik in Theorie und Praxis«, Verlag Herder.
Seit 2007 leitet sie die Einrichtung Waldkinder-Regensburg, eine Konsultationseinrichtung für den Bayerischen Bildungs- und Erziehungsplan, die u. a. die UNESCO Auszeichnung »Bildung für nachhaltige Entwicklung« erhalten hat.

Franziska Wehr, Qualitätsleitung KiKu Akademie, Sozialpädagogin (B.A.).
Während und nach ihrem Studium der Sozialen Arbeit konnte Franziska Wehr zahlreiche Erfahrungen im Bereich der Elementarpädagogik sowie der Grundschulkinderbetreuung im In- und Ausland sammeln. Nach zwei Jahren praktischer Tätigkeit in einer KiKu-Einrichtung ist sie nun, nach einem Zwischenstopp in der städtischen Kita-Projektplanung, als Qualitätsleitung bei den Kinderzentren tätig. Sie ist Ansprechpartnerin für Pädagogik und Qualität und begleitet Leitungen in der Weitentwicklung ihrer Kitas.

Bildnachweis: Gettyimages.de
Cover: Sladic | S. 1: SDI Productions | S. 3: kate_sept2004 | S. 4: VioletaStoimenova | S. 8: Sally Anscombe | S. 11: skynesher | S. 12: Sladic | S. 13: pixdeluxe | S. 14: portishead1 | S. 15: hoozone